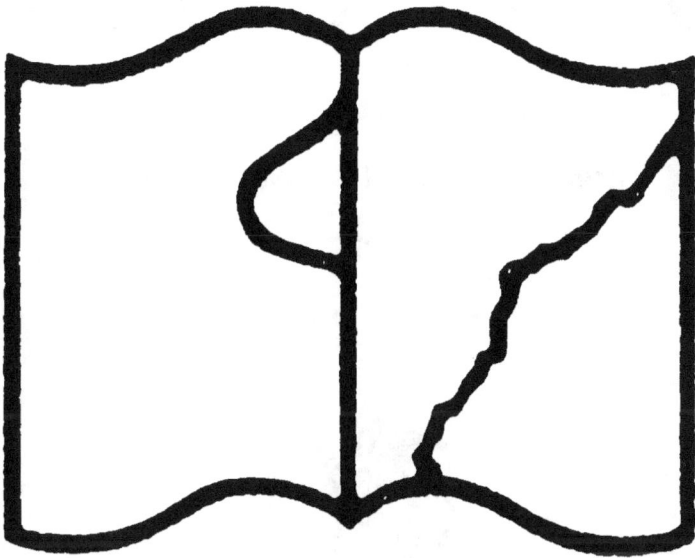

THÉATRE DE L'INFANTERIE DIJONNOISE

LE

Jeu Joué

LE 12ᶜ JUNG 1583

avec des fragments d'une autre pièce

PIECE INÉDITE

A DIJON

CHEZ DARANTIÈRE, IMPRIMEUR
65, Rue Chabot-Charny, 65

1887

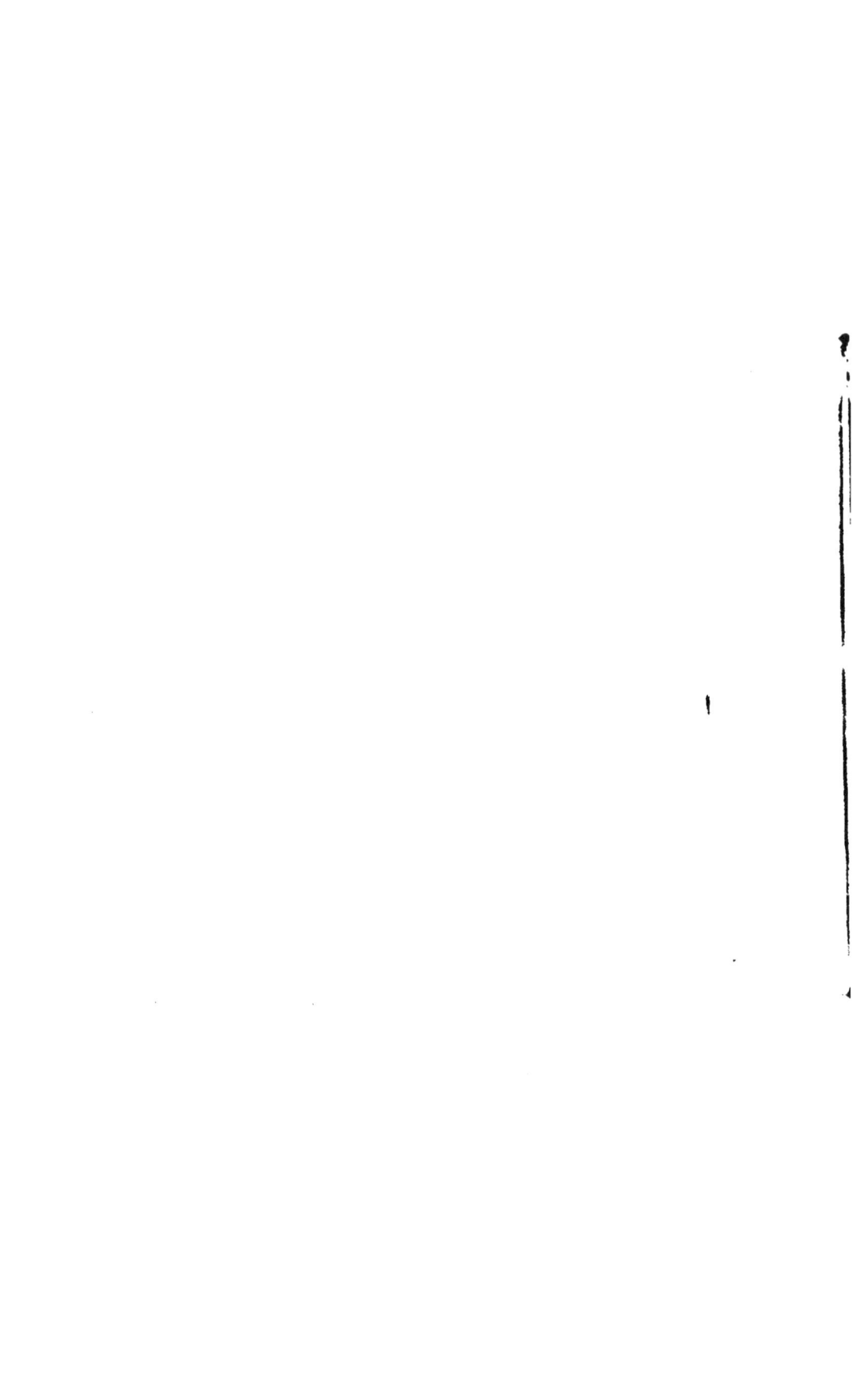

LE JEU JOUÉ

LE 12ᵉ JUNG 1583

.

JUSTIFICATION DES TIRAGES :

100 exemplaires sur papier vergé teinté
5   —   —   du Japon
3   —   —   de Chine

DÉJA PARUS DANS LA MÊME COLLECTION :

Les Nopces de Bontemps avec la Bourgogne.
Le Réveil de Bontemps.
Asneries ou les Quatre Jeux.

REVERS DU GUIDON
DE LA COMPAGNIE DE LA
MÈRE-FOLLE DE DIJON

THÉATRE DE L'INFANTERIE DIJONNOISE

LE

Jeu Joué

LE 12ᵉ JUNG 1583

avec des fragments d'une autre pièce

PIÈCE INÉDITE

A DIJON

CHEZ DARANTIÈRE, IMPRIMEUR
65, Rue Chabot-Charny, 65
1887

PRÉFACE

DU JEU JOUÉ AU LIEU DE DIJON PAR L'INFANTERIE
LE 12ᵉ JUNG 1583 (1)

PRÈS les grandes crises sociales, il se fait une détente générale dans les esprits. Nos pères en ont été témoins. A Robespierre et à la Terreur ils virent succéder le Directoire, sous lequel la licence des mœurs fut portée à son comble. De même, quand les guerres de religion se trouvèrent à peu près apaisées, tout se détendit, se débanda, et le règne des mignons fleurit en France avec Henri III. La fureur des amusements gagna, ou mieux, envahit tous les ordres à la façon

---

(1) Nous donnons ici le titre complet de la pièce, tel qu'il est dans le manuscrit, avec les dates précises de la représentation.

d'un fleuve impétueux qui roule au travers des campagnes et mêle tout en son sein limoneux. Ainsi, les rangs furent confondus : on ne pensait plus qu'au plaisir; on n'avait d'autre souci; on se ruait sur tout ce qui flattait les sens, et chacun s'empressait de jouir et de se montrer d'autant qu'on s'était caché et qu'on avait vécu d'abstinences. Il y eut alors, chose incroyable, des *incroyables!* Costumes éclatants et excentriques parurent en foule; souvent ils ne duraient qu'une nuit, le temps d'un bal, d'une soirée, d'une mascarade; rien plus. Mais ce fut surtout chez les femmes que sévit la frénésie des toilettes. Les hommes recherchant le plaisir, n'était-il pas naturel que le sexe qui lui en fournit la matière la plus exquise se mît en frais dans une telle circonstance ?

Et comme chacun prenait la jouissance ou la chose plaisante où il la trouvait, à sa main, à sa portée, à son désir, il arriva ceci que les femmes de bas étage triomphèrent. On assiste, en quelque sorte, au règne des servantes (1).

_____

(1) Ce règne des femmes de bas étage ne dura, heureusement, que peu d'années ; la reprise des

Celles de Molière, si fortes en bec, sont des petites filles comparées aux *chambrières* de 1583. A cette époque, elles paraissent avoir eu toutes les audaces. Non seulement elles cajolent leurs maîtres et en sont cajolées, mais elles s'ornent à l'égal de leurs maîtresses, et leur babil s'exerce, perfide, à leurs dépens. La moquerie et les lardons de Mère Folie les rendirent furieuses, ainsi qu'on le voit dans une pièce, par malheur, inachevée ; elles menacent d'outrager et de décoiffer la *Mère*, puis de se mettre en grève ! Elles quitteront Dijon, et planteront tout là. Au reste, une tentative de réforme ayant eu lieu, on les entend se plaindre amèrement. La nourriture est mauvaise et insuffisante, dit l'une ; auparavant nous avions pris un déjeuner que « *la dame du logis* » était encore au lit :

Le soupé n'estoit faict que n'eussions le morceau ;

---

hostilités en Bourgogne, à la mort de Henri III, coupa court à tous leurs beaux manéges. Après la déroute de Mayenne et des Ligueurs à Fontaine-Française, toutes choses rentrèrent dans l'ordre ; chacun s'empressa de se soumettre à Henri IV, que l'on avait tant exécré et maudit jusque-là. Le règne des mignons et des servantes était passé.

Du roty pour le soir ; à veiller, le gâteau !...
Maintenant, rien du tout ! Fault faire bonne mine !

Une autre se plaint des façons d'agir de sa
maitresse ; à peine a-t-elle mis « *teste en fenestre,* » pour regarder dans la rue, que celle-ci
est « *sur son derrier !* »

Si nous faisons discours, chantons de bonne grâce,
La dame vient crier que nous sommes trop grasses !

Toutes, au reste, sont d'un dévergondage des
plus éhontés. Ecoutez celle-ci :

Je suis fille de bien ; ung chascung me cognoist,
Maistre Antoine sçait bien, Guillemin et Benoist,
Quand ils se jouent à moy, si je fais la farrouche.

Les aveux de cette sorte ne sont pas rares
dans les piéces de l'Infanterie dijonnaise à la
fin du XVIe siècle. Toutes ces gaillardes ont,
outre ce genre d'amants d'occasion, des amis
assez semblables aux souteneurs d'aujour-
d'hui :

Mugnier, vous en serez de mon amy battu.

Il est vrai que ledit Meunier avait lancé à
nos donzelles d'assez vilaines épithètes, les
appelant « *pouille-revy, cu pelai, cu meusy ;* »
sur quoi un vigneron avait ajouté :

Cé Margo crotte-au-cu me feson préque rire, etc.

A en croire nos Margots, toutes licences
sont données aux Nourrices ; on ne frappe que
sur les chambrières, c'est-à-dire sur les servantes :

Si quéqung de vo fô lo z-ey fai quéque enffan
Fau-ty por tô celay qu'elle z-en cause tan?

En présence d'un pareil dévergondage et
d'une telle effronterie, Bontemps perd tout
espoir de réprimer l'orgueil de ces coquines,
qui, gourmandées,

Tant plus lèvent la corne, et leur trogne et leurs
Jusques à menasser ! Qui ne s'en fascheroy ? [mines,

Cependant, sous le coup d'un désordre si
manifeste, l'édilité s'était émue ; elle avait
voulu endiguer le mal, sur un point du moins,
à savoir le luxe des vêtements. Ainsi s'explique
la fameuse promulgation du règlement somp-
tuaire de 1580, que le Parlement s'était hâté
d'homologuer. Nous voyons que, de son côté,
l'Infanterie dijonnaise, dans ses pièces de
théâtre, intitulées alors des *jeux*, s'efforça de
prêter son concours à l'autorité en dénonçant
le mal et le ridiculisant. Dans le « *jeu joué* »
en 1583, c'est l'excellent Père Bontemps qui
tient le rôle du personnage moralisateur, car

il revient des régions sauvages, « d'ein pay to
de bô, » en sorte qu'il est tout surpris de l'é-
trange révolution qui s'est, en son absence,
accomplie dans les mœurs et les vêtements.
Tout d'abord il semonce sa « *bonne amye,* »
Mère Folie, qui vient à lui dans un accoutre-
ment inusité :

Depuis quand portes-tu de si grands goderons ?
Qui t'a si bravement ta coiffure attifée ?
Qui t'a si proprement de ce velours parée ?
Car il semble à te veoir que tu ne sçaches pas
Que je suis ennemy de tous ces grandz estas.

Ainsi brusquement apostrophée, la pauvre
amie de Bontemps se disculpe en disant que
c'est l'un des fous de l'Infanterie qui a voulu
la mettre à la mode du jour, car maintenant
une chambrière veut « *que de velours l'on
borde son derrière.* » Au reste,

                                    (veille,
Chascun faict ce qu'il veut, et, qui plus m'esmer-
C'est que de tous mestiers se font des damoiselle !

Ces gentes demoiselles, ainsi aornées, vont
par les rues et les places, « *à saing descouvert,
le visage caché.* » Cela rappelle à s'y mépren-
dre les façons d'agir des bécasses et des au-
truches qui enfoncent leurs têtes sous terre, à

l'approche des chasseurs, et montrent tout le reste, se croyant fort bien cachées.

Comment, au milieu de ce luxe d'habits, Mère-Folie aurait-elle pu continuer à aller vêtue ainsi qu'autrefois ? Elle poursuit donc :

Comment ! est-ce raison ? la moindre femmelette
Veut passer devant moy et porter l'orillette,
Ou, comme le soldat, porter le calesson,
Façonner son marcher soubz le cache-popon ?
A les veoir l'on diroit que ce n'est plus Bourgogne;

Sur ce, Bontemps devient grave, et se lance dans une longue tirade à la fin de laquelle il s'écrie :

Chassez, chassez d'icy (1) la trouppe qui, superbe,
Marchant sur les patins ne semble fouller l'herbe,
Qui, gabelant, attire (*à soi*) les labeur et salaire
De leurs concitoyens, dont ne pouvons nous taire!
Fault oster, mes enffans, les estats inutille (2),
Chasser les regnardeaux qui sont en ceste ville;
Si vous faictes cela, nous serons très contans ;
Lors près de vous sera tousjours logé Bontems.

––––––––––––

(1) C'est l'accent du Joad de Racine : « Rompez, rompez tout pacte, etc. »

(2) On voit que Bontemps demandait déjà ce qu'on appelle aujourd'hui la réforme des bureaux, la suppression des emplois et le renvoi des broute-budgets jugés inutiles.

Puis, s'adressant aux femmes :

Fault aussy poser bas toutes ces grandz bravades,
Abattre ces tortilz et ces ratepenades,
Les araignes, les fers, et les grandz gauderons,
Et, comme au temps passé, porter les cotillons
Simplement pelissez (1). Il fault que la servante
Repreingne le droguet et qu'elle se contante
Ou de toille, ou de boge, ou de gros demy draps,
Ne porte les lassyz, preingne les coiffe à bras ;
Fault chasser bien au loing toutes choses nouvelles,
Surtout que l'on ne voye plus tant de demoiselles
Si souvent rechanger de nouveaulx chapperons,
Ou (*bien*) nous aultres maryz enfin les chastirons.
Ne desprisez jamais de porter les coquettes
Sans canetilles d'or ny d'argent: si le faictes,
Vous pouvez asseurer, et (*je*) vous en faictz ser-
                [mens
Que ne serez jamais eslognez de Bontemps.
Il fault cacher le seing et abattre le masque,
Aborrer l'inventeur d'ung habit si fantasque,
Ayder et secourir les pauvres indigens,
Estre amateur de paix, et vous aurez Bontemps.

On ne saurait, certes, mieux moraliser, et
toute cette tirade nous semble belle, car le
ton en est simple, grave et plein d'un accent

-----

(1) Et ailleurs il est dit que :

    Lé fenne reparron lo bé gran chaipperon,
    Lo manchon d'Osetade.

à la fois paternel et vigoureux qui s'accom-
mode au personnage. Par malheur il semble
que cette sortie n'ait pas produit un grand
effet, puisque la réforme des mœurs ne s'en
suivit pas. Voyez plutôt les *Fols* qui secouent
la tête d'une façon tout à fait sceptique, et
nient l'efficacité des paroles de Bontemps :
« Elles (les femmes) n'en feront rien ! créerait-
on par édit cinq cents sergents qui leur ôteraient leurs *aussero*, leurs *gauffre* et leurs
brelâture, qu'elles ne changeraient pas ; » car

Lé fanne de Dijon ne crô (1) pa de ligey !

Toutefois une dernière espérance de réforme
reste en ces braves gens, c'est qu'on dit que
le Roi va porter un édit contre le luxe ; pour
le coup il faudra bien se rendre ; on sera pris
« *dedan lou baylan.* » Mais, en attendant,
l'un des *fols* constate que la prodigalité ruine
les pauvres maris ; ils sont réduits à faire des
emprunts, et l'argent qu'on doit a de grandes
dents ; il mange jour et nuit :

L'airgen ey de gran dan, de jor et de neu mainge.

_____

(1) Les femmes de Dijon ne croient pas à la
légère ; elles sont tenaces : elles ont *lai sarvelle
dure.*

2

Belle image pour signifier que l'intérêt et l'usure rongent les pauvres débiteurs.

Un autre *fol* en revient aux servantes ; il affirme que « *quan lou ca lo demainge* » il faut qu'elles le fassent gratter ;

. . . . . . Vo retarrin (1) puto
Suzon, en tam d'iver, que de gardai lo ro !
Bontan ay bea pairlai ; ai fau étre jôlie !
Et s' (*aussi*) elle l'ayme meu étre troi foi freble
Que portai dou drôguay, etc., etc.

Bref, elles emploieront tous les moyens pour être habillées, « *comme son lo moitresse*. » Un dernier trait, ici, leur est décoché. Leurs gages sont « *si cour*, » dit un fol, qu'il faut bien que quelqu'un vienne à leur aide !

Le dernier *fol* qui parle et clot la pièce se plaint de tous les gens avides, grugeurs du pauvre peuple. Il n'est pas jusqu'au vendeur de volailles qui ne revende trois fois plus cher ses poules et ses oies ! Le tavernier, lui aussi, triche sur la quantité du vin qu'on lui demande. Ainsi, tout va mal ! Mais encore un peu de patience, et le roi va mettre le holà partout.

----

(1) Vous retiendriez (arrêteriez) plutôt le cours de Suzon, en temps d'hiver, etc.

Il n'v a donc plus qu'à rire et à boire d'autant;
en sorte que la pièce finit par ce vers :

Allez boire, Messieu ; Dieu vous doing bonne vie !

Le personnage de Bontemps, c'est-à-dire
son caractère, est fort bien dépeint, dans cette
pièce, par lui-même. Bontemps, c'est l'homme
de la paix, le type, par excellence, de tous
ceux qui répètent cette parole de l'Évangile :
« Gloire à Dieu au plus haut des cieux, et
paix sur la terre aux hommes de bonne vo-
lonté. » Il est si ennemi de la guerre que, dès
que des discussions ou des menaces de lutte
s'entrevoient là où il se trouve, vite il dispa-
raît! Il s'enfuit dans les bois, ou bien, il se
cache dans quelque lieu souterrain :

. . . . Pensez-vous que Bontemps
Se puisse maintenir entre fascheuses gens ?
Qu'il soit homme d'orgueil ? qu'il ravage ou tem·
                                      [peste ?
Qu'à l'oultrageux soldat il ayme faire feste ?
Non! je hay les mutins et suis homme de paix !
Si j'entendz murmurer, vous ne m'aurez jamais !
Trop mieulx désirerois veoir refouyr la terre,
De la maille et du soc mettre le grain en serre,
Veoir le pasteur gaillard avecque son troupeau
S'égayer à l'escart le long d'un cler ruisseau,
Ou trop mieulx retorner dans le feuillé bocage

Où je m'estois mussé pour éviter la rage,
Et le sang, et le feu de Mars le furieux.

Voilà Bontemps dans toute la beauté de son
caractère pacifique. Aussi comme il est aimé
des Bourguignons ! Ils prennent soin de lui
s'ils le savent caché quelque part ; ils ne man-
quent pas surtout de lui porter à boire. Quand
il paraît, la joie partout éclate avec les fêtes.
On se hâte de lui offrir des présents de toute
nature. Il est surtout l'idole des vignerons !
L'un d'eux dit à un *fol* qui veut l'éloigner de
Bontemps :

I son de sé z-aymin, vigneron, por li dire
Et sçaivoi (*de lui*) si j'airon au bou de cete année
Dou raisin ai foison, ou petite vignée.
I garde ein quevelo d'ung rôsolan rapai
Venu dou pu bon cru qui so dedan lé Crai ;
Ai serey por Bontan renfilôlay lai trogne.

On le chante donc dans toute la Bourgogne,
ce « *cher mignon* » des enfants de Mère Folie,
en sorte que la pièce qu'on va lire s'ouvre par
un chant en son honneur.

Il est à remarquer que dans ce jeu de 1583
apparaît *le peuple.* C'est la seule fois, croyons-
nous, qu'on l'ait mis sur la scène. Il est fâcheux que cette hardiesse n'ait pas eu de

suite ; le théâtre de l'Infanterie dijonnaise aurait pu par là se rapprocher, de loin il est vrai, de fort loin, si l'on veut, mais enfin il se serait rapproché du théâtre de Shakespeare.

J. D.

Paris, le 18 mars 1887.

JEU JOUÉ EN 1583

Personnages

PLUSIEURS FOLS, — LE PEUPLE (sous les traits d'un vieillard),
MÈRE FOLIE, — BONTEMPS.

La scène est sur l'une des places publiques de Dijon.

1er FOL

Que mauldict soit le filz de Rhée
Qui a la terre dédorée
Pour faire le ciécle argenté (1) !
Mauldicte l'ouverture encore
Que fit de sa boîte Pandore,
Car dès lors tout mal a esté !
Dès lors la moisson fust doubteuse

(1) Allusion à l'âge d'or et à l'âge d'argent.

Et dès lors la vigne trompeuse
Ne vint qu'au travail de nos mains !
Dès lors la cruelle mégère
Fust baignée dans le sang du frère...

Par bonheur il nous est resté :

. . . . la pucelle Astrée
Et Bontemps, chef de noz esbats,
Bontemps que la belle Cythère
Hymen et Junon, la nopcière (1),
Coupla sur l'avril de ses ans
Avec la gaillarde Follie
Qui tousjours, la panse grossie,
Luy esclot ung monde d'enffans !

Bontemps, le cher mignon des fées,
Bontemps, le bonheur de nos prées,
Bontemps de qui l'œil et le front
Souloit d'évister la tempeste
Et de s'escarbouiller (2) la teste
Aux soucis qui guerre nous font.

---

(1) Junon présidait aux *noces*, c'est-à-dire aux mariages ; elle en protégeait la chasteté. C'était à Rome la déesse des chastes matrones, contrairement à Vénus qui favorisait les courtisanes.

(2) *Escarbouiller*, bouleverser. Ce mot se trouve dans Rabelais. Il viendrait de *garbouil*, désordre.

Mais, las, depuis qu'ung tel desastre
Nous a dérobé ce folastre
Le chagrin s'est rendu vainqueur ;
Le deuil, la cure (1) au poil d'espine,
La douleur, la rage mutine
S'est emparé de nostre cueur.

Nostre doulce Mère Folie,
Et nous, sa race tant chérie,
Nous, semances de l'Univers,
Nous avons depuis ce tems mesme
Changé le jaulne en couleur blesme,
En noir noz habitz rouges-vers (2) !

La meilleur part de nostre trouppe
De deuil s'est gectée en la pouppe
Que conduict l'avare nocher (3).

. . . .

----

(1) *Cure* de *cura*, soins, souci.
(2) Il s'agit des trois couleurs des Fous : la couleur jaune, la rouge et la verte. Ces couleurs joyeuses sont changées en des couleurs tristes : le jaune est devenu blème ; le rouge et le vert ont pris une teinte noire.
(3) Périphrase pour dire que, par suite des guerres religieuses, la meilleure partie de la bande des fous est morte soit de chagrin, soit de toute

Mais courage encor ! Voici l'heure
De courir fortune meilleure !
Tousjours la glace ny le glas
Ne (rompt ?) en vain nostre espérance,
Tousjours ne verrons-nous la France
Gémir au fouldre de noz bras !

La paix si longtemps désirée
Redorera nostre contrée,
Et puis nous verrons arriver
Entre nous Bontemps, nostre père ;
Tousjours on void la primevère
Suyvre au pas le neigeux Hyver.

2ᵉ FOL

Les folz petits et grandz, folastres en toutes sortes,
Qui ont desja couru et repris leurs marottes,
Qui ont suivy Bontemps, ce bon père des folz,
    (*vont le ramener avec Mère Folie*).

1ᵉʳ FOL

Je croy qu'elle viendra voir son Infanterie.

LE PEUPLE

Encor qu'i so tot plain d'airgo, de broullerie
Que lou sire Bontan o laissé lou pay,

---

autre façon.— *L'avare nocher*, c'est Charon. Dans le même sens, Racine dira : Et *l'avare* Achéron ne rend, etc.

Si veu-je (1) ung bén pecho vé cé fo m'ébaudy
Et me *resegrisay* (2) contre merancôlie ;
Je me sen tan grevay de peu qu'on me manie
Qu'i croi qu'ai ne fôrro que lou pu peti van
Que l'on porro *(pourrait)* tiré dou pay de Sirie (3)
Por me faire bronché por darrei, vou devan.
Bontan s'en à t-aillai, et s'ay n'ey poin d'envie
De s'en venin *(venir)* ché no !......

> Il aperçoit les deux fols.

Messeu, bon jor... Dicte, je vo z'en prie,
N'ayvé vo poin trôvai por-cy Meire Fôlie ?
J'an seu to déplaisan ; repondé : de peu quan
Vou n'aivé vu ché no noste sire Bon-tan ?
Si lou pouvo teni, dou reste dé gendarme (4),
Je le fero dignai, et le tarro si farme

———————

(1) Toutefois, dit-il, je veux un tout petit peu vers ces fous me réjouir.— Le *que* du vers précédent est mis pour *de ce que, parce que* : « Encore que je sois tout plein d'ennuis *parce que* le sire Bontemps a quitté le pays, etc. »

(2) Mot douteux dans le manuscrit. Peut-être est-ce *Refelisay ?* — En tout cas le sens de *se réconforter, se rendre serein, gai* contre la mélancolie, n'est pas douteux.

(3) C'est un vent qu'on pourrait tirer des... Pays-Bas. *Sirie* devait, sans doute, se prononcer avec intention : *chi.*

(4) Si je le pouvais tenir, au diable les gens d'armes ! je le ferais dîner, et le tiendrais si ferme.

Qu'ai ne m'echaippero, tan que j'airo aleyne,
Que mai borse et méchausse ne feusse tote pleine
D'escu, tan qu'en pouro dessu lou cor portai !
Ai l'y ai tro lon tan qu'ai demeure éretai !
Je lou desire bén, et si, mai foi, me taide (*tarde*)
Qu'on lou faisse veni dépleumai lé z arcaide (*alcades*);
Ai lé crain si tré fort qu'ai revarro icy.

2° FOL

Est-ce Bon-temps, amy, qui te mect en soucy ?

LE PEUPLE

Voi (*oui*); ça ce Monsieu lai. N'en saivé vo nôvelle ?
Cea l'homme si tré gran de pu grande morveille
Que je vi de cent an ! Ai me lou fô trouvai.
De peu (*depuis*) que ne lou vi, i seu enchairbôtai
De tan, tan de faicceon (1)! To checung le demande.
Encor ai-je ung morcea de viande friande
Qu'i li presenterai, por lu, tote por lu !
Ai n'y ai ne sergen, ne diale, ne grelu
Qui en chiche (*prenne*) ein greno, ni qu'en branle
                                   [manton.

Ier FOL

Tu nous en veux conter (*parler*) ?

---

(1) Quand on veut éviter la cédille sous le *c*, on
fait suivre cette lettre d'un *e*. Ainsi, trois vers plus
haut, nous avons *cea* au lieu de *ça* (*c'est*) qu'on
trouve au vers précédent. *Enchairbôtai*, mot qui
indique toutes sortes d'ennuis.

LE PEUPLE

I lou croi.

2ᵉ FOL

Qu'en dict-on ?

LE PEUPLE

On di qu'al s'en varrai (1), de peu que lai nuée
De ce moitre dé bo de no s'en a t-allée.

1ᵉʳ FOL

Si Bontemps retournoit pour voir sa bien aymée
Toute chose seroit en paisible union !

2ᵉ FOL

Si Bontemps retournoit en la France, à Dijon,
Toute chose seroit brevement (2) réformée !

LE PEUPLE

Si Bon-tan retorno? j'ôtero l'ôqueton
Por en reparre ung neu, et refero mon née !

---

(1) *Varrai*, viendra ; ici avec le sens de revenir.
— Le « moitre dé bo, » allusion à l'affaire d'Elie
du Tillet. Voyez les quatre jeux joués contre lui.

(2) *Brevement*, bientôt, en peu de temps. Ce passage a comme un parfum d'Horace. Relire l'ode :
Donec gratus eram tibi.

1ᵉʳ FOL

Bontemps ja ne viendra (son âme est trop troublée),
Tant que lez nouveaultez par deçà dureront.

LE PEUPLE

Si feray (1) ; l'on m'ey di que no rechaingeron,
Et que lou tan passai revarrei en son estre.
Lé fenne reparron (2) lo bé gran chaipperon,
Lo manchon d'osetade ; et s'ai vai qu'ai sǫ vespre (3),
I lou varron veni, remuan mai bôtaille !
Ung van me lai bisai et sôflai (4) dan l'ôraille.

Le Peuple fait quelques pas comme s'il voulait sortir.

2ᵉ FOL

Ne laissons ce vieillard, car il nous dict merveille ;
Suyvons-le. . . . . . car, à ce que j'entens,
Il a affection de retreuver Bon-temps.

· · · · · · · · · · · · · · · ·

LE PEUPLE

· · · · · · · · Velai (*voilà*) Mère Folie !
Mon Dieu, qu'elle l'a brave ! et qu'ai fai bon lai vo !

---

(1) *Si* (oui), cela se fera ; car on a dit au peuple
que l'on changerait de mœurs et d'habits.

(2) Les femmes reprendront leurs grands chape-
rons, etc.

(3) Et si Bontemps vient alors que le jour baissera.

(4) *Bisai*, verbe formé du mot *bise*. Un vent lui a
sifflé et soufflé la chose à l'oreille. — *Bôtaille* pour
bôtouille, ou *bôtoueille*, bouteille.

Epruchon (1) de pu pré, car, mai foi, i vorro
Parôlai airô ley. I croi qu'elle fai feste !
Côverte de veleur maime (2) qu'elle a honeste !
Son mairy a venu, son train et to sé gen !
Figue dé z-usurey, et bran (3) por lé sergen !

Mère-Folie entre en scène.

Daime, en ce bon jor i croi que faicte nopce ?
Bon-tan voz ei beisey ?

MÈRE FOLIE

Comment, dis-moy ?

LE PEUPLE

Et porce (4)

Que n'éte pa tojor si jôliman fedrée (5) ;
I croi, par mon serman, qu'ai voz ei embraissée,
Et si je congnoi bén au visaige Bon-tan
Qu'ai l'a bé pu jôli et bé pu gay qu'entan.
Voz aivé dé z-eullô lai pea ung po (6) baitue.

---

(1) *Epruchon*, approchons.
(2) Elle est vêtue de velours même.
(3) On connaît l'expression *bran*. — *Figue* est plus rare et moins bourguignon. — Les *usurey*, les usuriers.
(4) Rime hardie qui sera imitée par Lamonnoye :

« Et porquei diré-tu ? porce
Qu'hié c'éto vendri. »

(5) *Fedrée* ou *ferdrée*, fardée, bien attifée.
(6) Vous avez la peau des yeux un peu battue.

MÈRE FOLIE

Peuple, tu congnois bien que Bontemps ja m'a veue!

. . . .

Que depuis si longtemps il me laissoit seuellette!

2ᵉ FOL

Meire, coiffée vo meu ; drossé vote orillette ;
Note Peire Bon-tan a quinteu comme mouche,
Et si ai ne veu pa que parsonne vou touche.
On di qu'ai l'a venu d'ein pay to de bô !

MÈRE FOLIE

Il trouvera fort bon que je lui face feste...

LE PEUPLE

Ainsin que je passo aujordeu su le pon
Dou vilaige de no, j'ai prin dedan lai Tille
Por lou Sire Bon-tan éne tré belle anguille ;
Ne le refeuzé pa, ç'ô ein tré bea poisson.

2ᵉ FOL

J'ai chaissé ce maitin dan le bo de Dijon,
Furetay lé conin (1) dan lé crotte d'Aneire
Et i ai prin ai glu lou pu bea pampillon
Que jamoy on ey vy por resjoui mon peire (2).

———

(1) Les *conins, connins,* ou *connils,* sont les lapins ;
du latin *cuniculus.* — *Lé crotte d'Aneire,* les grottes
d'Asnières (village situé près de Dijon).

(2) Le père Bontemps.

MÈRE FOLIE

Mes petitz goguelutz (1), dont *jeunesse* est la mère,
A ce père gentil qui vous a tous forgés,
Venez tous à Bontemps ; car, affin d'abréger,
Il le fault saluer ; suivez de compagnie.

A Bontemps qui entre en scène.

Bontemps, père des folz, voicy ta bonne amye
Qui se présente à toy, et tes enfans joyeux ;
C'est toy que, dès longtemps, ils demandent et désirent.

. . . .

PÈRE BONTEMPS

Despuis quand portes-tu de si grands goderons ?
Qui t'a si bravement ta coiffure attifée ?
Qui t'a si proprement de ce velour parée ?
Car il semble à te veoir que tu ne scaches pas
Que je suis ennemy de tous ses grandz estas ;
Qui est ce superfluz, qui t'a si bien fournie ?

MÈRE FOLIE

Bontemps, c'est l'ung des folz de ceste compagnie.
Ne t'en irrite pas ; despuis que m'as laissé
Tant s'en fault qu'on aye veu les estatz (2) abessé,
Refformé d'ung chascun la bravade et l'audace
Et veoir que d'ung drap gris ung bon bourgeois se passe ;

----

(1) Si l'on a lu Rabelais, on sait que ce mot a le
sens de fol plaisant, de rieur extravagant, etc.
(2) Mot douteux.

3

Qu'il n'y a si petit floquet (1) ou compagnon
Qu'on ne voye esgaller aux grands, et, se dict-on,
Qu'il sied mal d'en parler. Comment une chambrière (2)
Voudra que de velours l'on borde son derrière ?
Ung cent de damoiseaux se font pour une nuict ?
Ainsi, Bontemps, chascun se plaist et se desduict
A se montrer monsieur (3) en la rue et ès place,
Mousse, dis-je, fondée sur d'une nuict la glace (4).
Le peuple s'en complainct ; mes enffans l'ont bien veu,

---

(1) *Floquet*, synonyme de *freluquet*, coquet. Dans Rabelais, *flocquets*, porteurs de flocs, muguets, beaux fils. *Floc* et *flocquar*, houppe : « Floc de soie. » Une *floquette*, en Bourgogne et en Lorraine, sorte de nœud de cravate.

(2) Ce mot ne forme que deux syllabes : *chambrière*, comme *der-rière*.

(3) A se montrer comme un monsieur.

(4) Vers obscur. Voici un sens qu'on peut hasarder : ce clinquant des habits de gens qui se font damoiseaux pour une nuit, est comme une mousse qui retombe le lendemain ; la mousse des liquides dure peu, en effet. Or, celle-ci, celle des habitz merveilleux, n'est *fondée*, c'est-à-dire n'est faite que pour durer une nuit, et c'est une grande dépense que de se mettre en damoiseau pour quelques heures seulement ? *Sur la glace d'une nuit* ; il faut entendre le mot *glace* dans le sens de *miroir* ; c'est l'éclat de la glace, le brillant d'une nuit qui allèche les cent damoiseaux éphémères dont parle l'auteur.

Mais quoy de tout cela ? je voidz qu'ils se sont teu.
Chascun faict ce qu'il veut, et, qui plus m'esmerveille,
C'est que de tous mestiers se font des damoiselle ;
Vont à saing descouvert, le visage caché!
Mais de cecy, Bontemps, ne fault estre faché ;
Si j'osois, j'en dirois encore davantage.

BONTEMPS

Non, non ; dis hardiment ; je sçais trop bien l'usage
Pour entendre des folz les gracieux devis ;
Mais bien je veulx sçavoir, non sans fort bon advis,
Ce qui a peu causer si souldain changement ;
Je voidz tout renversé !

MÈRE FOLIE

   Ce n'est enchantement ;
Tellement que ces folz affin de me congnoistre
M'ont voulu habiller et me faire paroistre ;
Parmy tant de fatras, ilz n'estoient pas contentz
De veoir de simple habitz à la femme Bontemps.
Commant, est-ce raison ? la moindre femmelette
Veult passer devant moy et porter l'oreillette ?
Ou, comme le soldat, porter le calesson,
Façonner son marcher soubz le cache-popon,
Qu'à (1) les veoir l'on diroit que ce n'est plus Bourgogne ?
Mais je pric tous les jours que la tigne et la rogne

---

(1) Si bien, tellement qu'à les voir marcher on ne
croirait plus que ce sont des femmes de Bourgogne.

Frappe les inventeurs de tant de nouveaultés ;
Qu'on revoie par de ça les antiques beaultés
Que les plus sages folz ont laissé à leur suitte.
Je ne peulx prononcer que l'ire me despite
Et ne crache contre eulx des malédictions ;
Car Bontemps s'en alla par telle inventions.
C'est à moy d'en crier, j'en ai receu la perte (1) ;
Et la plaie, et le mal, s'est encor plus ouverte !...
Toutefois, cher amy, du tout je m'apareille (2)
A t'obeir, servir, faire ce que vouldras.

BONTEMPS

Je sçai ta volunté dont je faitz si grand cas,
Aussi je te chéris d'une amitié semblable ;
Que si tu m'as congneu légé et variable
C'est à mon grand regret. Pences-tu que Bontemps
Se puisse maintenir entre fascheuses gens ?
Qu'il soit homme d'orgueil ; qu'il ravage ou tempeste ?
Qu'à l'oultrageux soldat il ayme faire feste ?
Non ! je hai les mutins et suis homme de paix !
Si j'entendz murmurer, vous ne m'aurez jamais !
Trop mieulx désirerois veoir refouyr la terre,
De la maille et du soc mettre le grain en serre,
Veoir le pasteur gaillard avecque son troupeau

---

(1) En effet, elle avait perdu son cher Bontemps.
(2) Je m'apprête à t'obéir en tout, à faire ce que tu
vouldras.

S'égayer à l'escart le long d'ung cler ruisseau,
Ou trop mieulx retorner dans le feuillé bocage
Où je m'estois mussé pcur éviter l'orage,
Et le sang, et le feu de Mars le furieux
Duquel je crains encor les desseings odieux,
Ou plutost habiter la caverne umbrageuse
Que d'endurer tousjours charge si onéreuse,
Car je suis adverty que l'arpenteur des boys
A passé dez long temps le quartier où j'estois,
Tirant droit à la rive de ce fleuve oblieux (1)
Où Charon, nautonier, prent, avaricieux,
Le tribut naturel de l'ombre jà passée...
.....J'aymerois mieulx voguer dedans la barque
De ce vieillard boyteux, et souffrir que la Parque
Me tranchast le fillet en l'ombreuse vallée
Que de revoir encor la France travaillée
De tant d'inventions par les nouveaulx partyz...
Chassez, chassez (2) d'icy la trouppe qui, superbe,
Marchant sur des patins ne semble fouler l'herbe ;

---

(1) Le fleuve de l'oubli, l'Achéron. Ainsi l'arpenteur des bois était mort. S'agit-il de Me Elie du Tillet, auquel on avait mené l'âne en 1576 ?

(2) Ici commence la vigoureuse et paternelle sortie de Bontemps contre les déprédateurs et le luxe des habits. On songe involontairement à ce passage de Racine :

Rompez, rompez tout pacte avec l'impiété...

Qui, gabelant, attire les labeur et salaire
De leurs concitoyens, dont ne pouvons nous taire.
Faut oster, mes enffans, les estats inutille,
Chasser les regnardeaulx qui sont en ceste ville ;
Si vous faictes cela, nous serons très contans ;
Lors près de vous sera tousjours logé Bontemps.
Fault aussi poser bas toutes ces grandz bravades,
Abattre ces tortilz et ces ratepenades,
Les araigne et les fers, et les grandz gauderons,
Et, comme au temps passé, porter les cotillons
Simplement pelissez. Il fault que la servante
Repreingne le droguet, et qu'elle se contante
Ou de toille, ou de boge, ou de gros demy draps ;
Ne porte les lassyz, preigne les coiffe à bras (1) ;
Fault chasser bien au loing toutes choses nouvelles ;
Surtout que l'on ne voie plus tant de demoiselles
Si souvent rechanger de nouveaulx chapperons
Ou nous aultres maryz enfin les chastierons.
Ne desprisez jamais de porter les coquettes
Sans canetilles d'or ny d'argent. Si le faictes
Vous pouvez asseurer, et vous en faistz sermens,

------

(1) C'était, sans doute, des coiffes dans le genre de celles que les femmes de la campagne appelaient *coiffes à pans* ou *jumelles*, dont les brides larges descendaient très bas. Toute la coquetterie de ces bonnets consistait à en relever les pans qu'on attachait sur le sommet de la tête.

Que ne serez jamais eslognez de Bontenıps ;
Il fault cacher le seing et abatre le masque,
Aborrer l'inventeur d'ung habit si fantasque ;
Ayder et secourir les pauvres indigens,
Estre amateur de paix, et vous aurez Bonteınps.

3e FOL

On ai bea parôlai, elle n'en feron ran!
Quan t-on édiffierô (1) encor cinq cens sorgen
Ostan lo z-aussero, lor gauffre et brelature,
Elle l'on, par mai foi, lai sarvalle trô dure ;
Lé fanne de Dijon ne crô pa de ligey !
Totesfoy on m'ai dy que nôte roy ferey
Ein édy, s'ay n'a fai, qui to lé z-estay casse ;
J'antan lou pordessu et ceulx don on se passe.
S'ai l'à voy (*vrai*), on varrei to cé bailleu d'argen
Et ces crôcqueu d'estai prin dedan le baytan ;
Pu de veleur pelay (2) marché pormi lai ville !

4e FOL

Tu dy voy (*vrai*), ai vandrin puto lé côquerille !
Tey homme n'ey vaillan (3) mointenan cent escu !

---

(1) Lorsqu'on *édifierait* (créerait par édit) cinq cents
sergents qui ôteraient (à ces fausses demoiselles) leurs
atours.

(2) *Pelai* vient de *pel* (peau). Donc plus de voleurs
en fourrure marchant à travers la ville !

(3) Tel homme n'a vaillant maintenant cent écus...

Lé fenne porte tot et lé z-homme son nu !
S'ai l'en parle ung pecho, ç'a eine diallerie ;
L'éne n'en veu ran férre, l'aultre a dou leu sottie !
Mai commeire en ai bén, son mairi n'en dy ren !
Ai peu, au bou de l'an, j'aivon tan de sorgen
Que no ne saivon pu de quey bo fére flôche !
Bontan l't.ivo bén di, elle l'on pri lai môche ;
Ai ne serey pu tan de noz en repenty !
Laisse lai (*là*) puto tot que de parre ai crédy :
L'airgen ai de gran dan, de jôr et de neu mainge !

3e FOL

Et lé sarvante, quey ? quan lou ca lo démainge
Elle lou fon graitay ! Vô retarrin puto
Suson, en tam d'iver, que de guarday lo ro ?
Bontan ai bea pairlai ! Ai fau étre jôlie ;
Et s'elle l'ayme meu étre troi foi frebie
Que pôrtai dou drôguay. Parre dé coiffe ai bra ?
Puto cen foi lou jôr l'on lô fero lou ca !
I ne m'en ébouy ! Mai foi, ça gran simpiesse
De portai dé z-aiby comme fon lo moitresse.
Lo loudy (1) a si cour qu'aivan lou bou de l'an

Si (un homme) en parle un peu (à sa femme), c'est
le diable ! L'une fait la sourde oreille, l'autre est du
lieu sortie (elle a planté là le sermonneur).

(1) C'est peut-être le prix du louage, ce terme nous
est inconnu.

Elle n'on de quei frire, ny bôtai (1) dan lo dan,
Se ce n'éto qu'ung po fon fére lo besôgne (2)!

4ᵉ FOL

Bontan, velai comman se gouvarne Bourgôgne !
Lé z'ung on la jaunisse et d'aultre rouge trôgne !
Si queique bea monsieu ey chambeleire blave
S'ai l'ai peu estraippay au greney, chambre ou cave
Et se joingne si for et si tré rudeman
Qu'on n'envoy *dejeslay* (?) scrti au bou de l'an ;
Peu ung pôvre vaulo qu'ey sarvi bén lon tan,
On lou fai l'espouzai ! Ai peu mointe sorgen,
Taverney, revendou, pouillaley, charreton,
Gran criou de moutade, orenge ou de marron,
Ma que cé gen sein lai bôttai (3) en lo menneige
Ei son si gran tiran qu'au peuple fon dommaige :
Lou sergen pren dé bon par force et san raison,
Lou pouillalley revan troi foi pu son oyson,
Et ce gro taverney, quan ai l'ey prin sai quinte
Au leu de troi pintai ne tire que lai pinte !
Quei, mai foi, to vai mau ! Ma sai-tu que je croy ?
On parle d'ein *granvea* (?) quey jai fai note roy,
Ei veu et sçai l'antan, et l'en ai for juré
Que béntot ai ferô gaullay les usurey

---

(1) *Bôtai*, c'est *mettre*. D'ordinaire on dit *bottre*.
(2) Si ce n'était qu'(elles) font faire un peu leur besogne.
(3) Dès que ces gens sont là, mis dans leur ménage.

4

Lé revandou d'estai, lé gaibelou de ville,
Et ung tâ d'*imentou* (?) qui to lou monde pille;
Et peu, aipré celai, note peire Bontan,
Note Meire Fôlie, et tresto ses enflan
Se bandiron (1) sôvan, et maugré tote anvie,
Vô les varrai tôjor fére l'Infanterie.

Au public.

Allez boire, Messieu; Dieu vous doing bonne vie.

---

(1) *Se bandir,* aller en bande; faire *banderie.*

FRAGMENTS D'UNE PIÈCE INCOMPLÈTE

~~~~~~

Il est fâcheux que le manuscrit du président Bouhier ne contienne pas cette pièce en son entier; elle s'offre à nos yeux comme le complément de la précédente. C'est d'elle que nous avons tiré les principales citations du début de la préface du *jeu joué en* 1583. Ce jeu-ci lui est donc postérieur, tout l'indique, et notamment ce vers à l'adresse des servantes :

Bontan vo congneu bén; prené dé coiffe ai bra.

Cette comédie pourrait s'intituler la comédie des mécontents. Que le contrôle de Mère Folie sur chacun en particulier et sur tous en

bloc, fût un contrôle importun à bien des
gens, cela n'est pas douteux. Ceux et celles
qui recevaient les coups les plus directs et les
plus fréquents durent murmurer plus d'une
fis contre une telle censure et tenter de prou-
ver leur innocence. C'est ce qui a lieu dans
cette pièce pleine de doléances et de préten-
dues justifications.

Deux chambrières d'abord se plaignent.
L'œil sévère de Mère-Folie a vu jusqu'à leurs
moindres défauts, et le tout a été dénoncé par
elle, sans doute, au jour de l'an passé, jour
des belles étrennes que distribuaient largement
les Fols :

Ilz regardent si près que d'ung verre cassé
Ilz prendront ung subject sus noz aultres ser-
                                          [vantes...
Je n'ose plus porter bourse, argent ny escu
Qu'on ne die vistement que l'ai gaigné au cu;
Je n'ose regarder que de travers mon maistre,
Ny remanant chés nous mectre teste en fenestre
Que ma dame n'y soit aussitost derrier moy.

Une telle situation ne saurait se tolérer plus
longtemps ; il faut se venger « de la Folle et
de son beau présent, » s'écrient nos deux
effrontées servantes.

Après elles, viennent deux autres « *plaindou,* » un *Menestrier* et un *Mugnier*. La plainte du ménétrier est de peu d'importance ; on ne l'a pas récompensé selon son mérite ! Au lieu de bel et bon argent, comme il avait donné aux fêtes de l'Infanterie du vent plus ou moins mélodieux avec « *son cornet,* » Mère-Folie lui a « *baillé une vesse !* » Vent pour vent ! C'est du pur Rabelais. Les récriminations du meunier sont d'une autre importance. N'est-il pas attaqué dans sa probité professionnelle ? Ne lui reproche-t-on pas de prendre en toute saison ? De n'avoir pas des mains d'*étope* (étoupe)

Por pôché dan lou say, quant ai l'y fai lai cope *!...*
On ai bea pairôlai : i seu blan comme ung signe !

Plaisante justification ! et poétique aussi ! Cette blancheur du cygne, invoquée par le meunier enfariné, à l'appui de la candeur de son âme, est un des plus heureux traits de la pièce. Un autre trait comique, c'est que d'attaqué le meunier devient attaquant. Comme lesdits malmenés des deux sexes espèrent exposer leurs griefs au bon père Bontemps, afin qu'il mette sa femme à la raison (n'oublions

pas que sa femme est Mère-Folie), notre meunier n'admet pas que d'autres que lui se jus-
tifient devant Bontemps, et, dès qu'il aperçoit
les deux chambrières, il les apostrophe rude-
ment :

Que vené vo prôché ai Bontan ?. .   .   .
Bontan vo cogneu bén ; prené dé coifle ai bra !
Quey ? cé pouille-revy, cu pelai, cu meusy,
Veùlle faire lé daime (1) ?

De son côté le vigneron ne les épargne pas.
Nos Margots auront beau plaider, leur procès
nous paraît perdu. Bontemps qui, d'abord,
semblait favorable à leur cause, se redresse et
menace quand il entend les chambrières mal-
mener Mère-Folie, ses amours. Par un biais
fort adroit l'une d'elles, il est vrai, revient à
la charge, en dénonçant les nourrices, qui
ont toutes libertés ; que ne les traite-t-on,
elles, de même sorte ? Au moment où la pièce
prend ainsi une nouvelle face, le copiste a
manqué à sa tâche ; il s'est arrêté juste à l'ins-
tant où Bontemps allait répondre ; il a même

(1) Un trait d'*humour* est à noter p. 48. Le
meunier, en courroux, dit aux chambrières :
Cosé-vo ! (taisez-vous) *ç'â t-aissé !* alors qu'elles
n'ont pas encore ouvert la bouche.

écrit le nom du bon père, tant aimé des vignerons !

Pour la première fois, il est question des
apothicaires, corporation importante, parce
qu'elle tenait, outre des drogues, l'article
gourmandise ; certaines *chatteries* spéciales,
telles que les confitures, ne se trouvaient que
chez ces *marchands* d'une espèce particulière :

> Bontan, j'ai entandu que cé z-épôticaire
> Don no z'aivon tojor lou pu sôvan aiffaire,
> Ne vou bailleron pu de bonne confiture.

Ceci nous rappelle qu'on faisait fréquem-
ment des présents de *confitures sèches* aux
grands personnages qui traversaient Dijon, et
il semble bien qu'autrefois ce mets était plus
réputé et plus recherché que la moutarde, si
vantée depuis.

Par tout ce qui précède, on voit combien il
est regrettable que la pièce ne nous soit parve-
nue qu'incomplète.

J. D.

Personnages :

1ʳᵉ CHAMBRIÈRE

Il y a trop longtemps que j'ay dans le courage
Desir de me venger de l'injure et l'oultrage
Que ces folz estordyz m'ont fet ces jours passés ;
Ilz regardent si près que d'ung verre cassé
Ilz prendront ung subject sus noz aultres servantes.

2ᵉ CHAMBRIÈRE

Par ma foy, tu ditz vray, je n'en suis pas contante
Et veulx avecque toy en avoir la raison ;
C'est trop tympaniser ce que fons (1) aux maisons.

—————

(1) *Ce que nous faisons* ou bien *les choses qui se font.*

Ce que plus me fascha et rendit estonnée,
Mon amy m'advisa quand je fus estrenée ;
Pensez le grand plaisir ! J'en suis en mal talant,
En despit de la Folle et de son beau présent !
Ma seur, espions la, et son Infanterie.

Ire CHAMBRIÈRE

Je le veulx, car je suis en grande fascherie.
Je n'ose plus porter bourse, argent ny escu
Qu'on ne die vistement que l'ay gaigné au cu ;
Je n'ose regarder que de travers mon maistre,
Ny remanant (1) chés nous mettre teste en fenestre
Que ma dame n'y soit aussitost derrier moy.
N'est-ce rien de cela ?

2e CHAMBRIÈRE

Ouy, et si je te croy.
Voilà ung vigneron et mugnier qui, peult-estre,
Diront s'ilz l'ont point veu (2), et où elle peult estre ;
Aussy ung menestrier ; sachons qu'ilz ont au cueur.

LE VIGNERON

Mai foy, j'ai tan corru que j'en seu en sueur !
On m'ai dy qu'aujordeu on varro branderie,

---

(1) *Remanant*, demeurant, restant à la maison, mettre la tête à la fenêtre.
(2) Voilà, dit la chambrière, un vigneron, un meunier, et aussi un ménétrier, qui pourront nous dire s'ils ont vu Mère Folie.

Que Bontan marchero aivô l'Infanterie.
J'ai laissé mon fessou, mai paule(1) et mai chairpeigne
Por m'en venin fuan sçaivoy qui lé z-émeigne ;
S'ai veigne quomme on dy, ça pa por dire ran,
Jaimoy ne son venu san no faire presan
De blay, de vin, de sou (2) et de bónne pidance.

LE MENESTRIER

Je n'ay pas desclaré encor ce que j'en pense.
Si Bontemps veult danser, je luy vendrey mon vent
Si cher qu'à vent sifler j'aurai de son argent ;
Sa femme me paya en si vilaine espesse
Qu'au lieu d'avoir argent me bailla d'une vesse !
Je rompray mon cornet si je n'en ai raison.

LE MUGNIER

On dy que lé mugney son tôjor en saison
De parre, de grippay ; qu'ai n'on dé main d'étope
Por poché dan lou say, quant ai l'y fon lai cope ;
On en pale ai gran tor ! Ai son si bónne jan
Qu'ei n'on que lai fenée et (3) demouran dou bran.

---

(1) *Mon fessou*, pioche particulière aux vignerons ;
mai paule, ma pelle ; *mai chairpaigne*, mon panier à
chair et à pain (*chair-paigne*).

(2) Texte douteux ; on hésite entre *de sou* ou *d'escu*.

(3) *Et* (le) *demouran*, le reste des *repasses*, le son
grossier.

Tô lou monde lou sçai, ce son jan de simpiesse (1)
Et sei (si) ne preigne ran qu'ung chacung ne congnoisse ;
Porquey en di-ton mau ? — On m'ei di que Bontan
S'en veno aujordeu ; i m'en vai de devan
Por li regoguillé et citai lé z-étréne
Que sai fanne ei baillé.

Aux deux chambrières

Que dialle vo z-éméne! ·
Que vené vo proché ai Bontan qu'a venu?
Cosé-vo ! Ça-taissé ! On vo z-ei jai tenu ;
Bontan vo cogneu bén : prené dé coiffe ai bra.

Iʳᵉ CHAMBRIÈRE

Mais, voyez l'impudent, l'yvrongne, le choca!

LE MUGNEY

Ai l'on bea pairôlai ; i seu blan comme ung signe
Et se d'ung vrai mugney je presente lai migne ;
Ma cé pouille-revy, cu pelai, cu meusy,
Veûlle faire lé daime, et ne fon que tresy!
S'aile son au melin, j'ai rompu lai sarvelle
D'ouy lo mertelo!

2ᵉ CHAMBRIÈRE

. . . .
Pour t'attaquer à nous, je te jure, mon cœur,

---

(1) On saisit le jeu de mot : ce sont des gens de *cinq pièces,* et non pas de *simplesse,* comme le croit le meunier.

Que jamais ne verrey de bon mon serviteur
Qu'il ne t'aye estrillé, que de coups ne te tonde
Pour t'aprendre, larron, l'honneur des coiffes rondes.
Je ne m'estone pas si d'aultre en ont causé
Quand un chetif mugnier a esté si osé
D'en parler devant nous. Ma seur, qu'en dirois-tu ?

Ire CHAMBRIÈRE

Mugnier, vous en serez de mon amy (1) battu,
Et si croy que Bontemps orra une requeste
Et qu'il vous lavera vostre vilaine teste...

LE VIGNERON

Cë Margo crotte au cu, me feson préque rire !
Elle croye que Bontan so venu tot esprai
Por ouy lo z-oguen (2) et lo conte penai !
Ai l'ai bén dou sôcy aultreman dan lai téte !
I lou vorei veni, i ly vé faire féte ;
Et si m'eprucheray dou menetrey Caro (3)

---

(1) On voit que nos chambrières avaient des bons amis, sorte de *souteneurs* en ces temps-là, qui se chargeaient d'assommer les gens lorsqu'ils déplaisaient à ces gaillardes servantes.

(2) Ce mot peut se lire diversement ; peut-être est-ce *óquey*, hoquets.

(3) Ce nom propre était assez répandu dans le peuple ; on le trouve dans une pièce où des bergers parlent de musiciens. Y avait-il à Dijon une famille de ménétriers du nom de *Caro*, à la fin du xvie siècle ?

Por lou faire sôllai aivô moy au barro
Pendan qu'ai n'y ey poin antor de lu de presse.

Ici entre en scène le 1ᵉʳ fol; il demande de quel droit les vigneron, meunier, ménétrier, etc., viennent vers Bontemps; ces gens importuns peuvent le ficher; que lui veulent-ils?

LE VIGNERON

I son de sé z'aimin, veigneron por ly dire
Et sçaivoi si j'airon au bou de cete année
Dou raisin ey foison, ou petite vignée ;
I garde ein quevelo d'ein rosolan rapai
Venu dou pu bon cru qui soo dedan lé Crai ;
Sceray por ce Bontan renfilôlai lai trôgne.

LE MENESTRIER

Je suis prêt de donner un branle de Bourgôgne
A Bontemps...

FOL FRANÇOYS

Bontemps, sont des mugnier, menestrier qui t'attendent,
Vignerons, bons garsons ; les filles te demandent ;
Ung chacung te veult veoir, t'ayme et si te désire.

BONTEMPS

Bien, faictes les venir pour veoir qu'ils veuillent dire ;
Je voudrois qu'ung chacung de moy fusse contant.

La chose est fort possible, comme aussi l'altération de *Caro* en Garo, personnage rustique et naïf qu'on retrouve chez Lafontaine.

1ᵉʳ FOL

Place; retirez-vous, et marchez en avant ;
Bontemps vous veult ouyr.

2ᵉ CHAMBRIÈRE

            O, que ce m'est grand heur
D'avoir veu ce jourd'huy de Bontemps la grandeur !
Ce n'est pas sans raison qu'à luy je me présente,
Que je me plains et dictz que je suis mal contente
Et que par ung longtemps en chemin me suis mis
Pour te treuver, Bontemps ! Mais, par très bon advis
Des seurs, dont en voicy l'une qui m'acompaigne,
Car depuis peu de temps ung chacung nous dédaigne !
   J'ai veu, il m'en souvient, qu'avant que fust levée
La dame du logis, nous estions desjeusnées ;
Le soupé n'estoit faict que n'eussions le morceau ;
Du roty pour le soir ; à veiller, le gâteau ;
Lendemain, le bouillon, en tastant la cusine.
Maintenant rien du tout ! Fault faire bonne mine !

   Ce n'est pas tout, Bontemps ; l'on veult qu'en vilageoises
Nous servions aux maisons des plus grandes bourgeoises,
Et qu'ainsi, simplement, à tous facions service !
Pensez qu'il y faict beau ! Sy cela est propice
A filles de bon cueur ! S'ung gentil serviteur
S'en vient pour nous aymer, nous sommes en sueur,
Orde, salle, grossière, et sans honnesteté !...
Si nous faisons discours, chantons de bonne grâce,
La dame vient crier que nous sommes trop graces !

Tout cela est venu d'une mère folie
Que l'on dit qui te suyt et en fais (1) compaignie;
Qui te rendra chagrin, socieulx et reclus,
Esperdu, égaré, si qu'on ne te void plus.
Par avant tu estois fort gaillard et dispos;
Nous dansions sans congé, nous prenions du repos;
Bref, rien ne nous nuisoit, que depuis qu'elle crie
De nous, de noz habitz, de noz faictz, de noz vie,
Qu'ung chacun gecte l'œil sur nous, pauvres servantes!

BONTEMPS

O, je ne l'entendz pas, je vous rendray contantes.

1re CHAMBRIÈRE

Si elle en parle plus, nous nous assemblerons
Toutes pour l'estriller, et la descoifferons,
Et puis nous en irons, et quicterons la ville (2).

BONTEMPS

Tout beau! N'y touchez (3) pas! car elle est trop habille.

2e CHAMBRIÈRE

Qu'elle se garde bien de plus faire la beste!
Qu'elle nous laisse en paix, sans nous troubler la teste
Et qu'elle chie dedans toutes ses coiffe à bras.

----

(1) Et l'on dit *que tu en fais ta compagnie.*
(2) Menace de grève! En ce temps-là, déjà!
(3) *N'y touchez pas*; ne touchez pas à Mère Folie.

BONTEMPS

Je sais bien qu'il le fault aussy gros que le bras.

1ᵉ CHAMBRIÈRE

Je suis fille de bien ; ung chascung me congnoist ;
Maistre Antoine sçait bien, Guillemin et Benoist,
Quand ilz se jouent à moy, si je fai: la farrouche.

BONTEMPS

Tu as bon instrument ; tu portes large bouche.

LE VIGNERON

Bontan, i seu venu por dire gran marcy
De l'heneste presan qu'on no z-ey fai aussy ;
Vou z-airay dou rapay to plain ung quevelo.

BONTEMPS

J'amplirai voz toneaulx de vin, et voz teno.

LE MUGNIER

Ung checung vai disan larron ai cé mugney,
Qu'ai l'entende (1) celai desu to lé metey.
Tai fanne ai refusay de no baillé l'étréne,

BONTEMPS

Pour toy donc tu auras le reste de la quéne.

----

(1) *Entende*, étende ; qu'il étende cela sur tous les
métiers, à toutes les professions.

5

LE MENESTRIER

Nous avons tous joué devant Mère Folie
Qui ne nous a payé! Ma femme en est marrie;
Je ne sçache chés nous argent, tournois, denier.

BONTEMPS

Si tu veulx de l'argent souffe dans son derrier.

LE VIGNERON

Bontan, je m'esboui de to cé advôca,
Cé procurou, cé clor qui son si délica
Qu'ey ne te dise ren (1) et que to se contante.

BONTEMPS

Mère Folie aussy leur est bonne parante.

LE VIGNERON

Estrelôgue ung po (2) dé graselay qui poulse
Lé z-abro, lé preney, i crain queique secouse;
Treto vai ai rebor; no ne vaillon pu ran!

---

(1) Avocats, procureurs, clercs, ne se plaignent pas;
notre vigneron en marque sa surprise, et Bontemps
lui laisse à entendre que Mère Folie agit en bonne
parente à leur égard. Les temps ne sont pas loin où
les vignerons dauberont les clercs, les procureurs et
les avocats, gens de robe qu'ils n'aimaient guère et
pour cause.

(2) Vers estropié dans le manuscrit.

BONTEMPS

Amendez vous, enffans, vous aurez le bon tems.

LE VIGNERON

Asse por s'emanday, voi tan de chaiperon
Forgé to lé maitin, d'ung carray faire ung ron !
Dite mei, s'ay vo plai, en éte vo contan ?

BONTEMPS

Ilz sont faictz d'une nuit (1) pour fondre en l'oriant.

LE VIGNERON

Bontan, j'ai entandu que cé z-epôticaire
Don no z-aivon tojor lou pu sôvan siffaire,
Ne vou bailleron pu de bonne confiture.

BONTEMPS

Je sçai les récipéz pour me servir de cure.

LE VIGNERON (2)

. . . . . . an contay por preney lé nourrice
. . . . . perdu lo laissea, celay n'a pa prôpice ;
Mère Folie ne doibt parlai si reudement.

BONTEMPS

Qu'elles l'allent flater pour parler doulcement.

---

(1) Ils ne sont faits que pour durer une nuit ; au jour levant (*en l'orient*) ils disparaissent.

(2) Le commencement des vers dits par le vigneron a disparu ; la page est déchirée.

LE VIGNERON

Si quéqung de vo fô lo z-ey fai quéque enffan,
Fault-ty por to celai qu'elle l'en cause tan ?
Qu'elle cloë lé z-eulle (1) et perdene l'ôfence.

BONTEMPS

Elles font trop souvent recommencer la dance.

LE FOL

Mais qui sont ces causeurs, ces folz, ces estourdy ?
Impudens fretillars, je l'avois bien prédy,
Tant de becs effilez, tant de teste volente,
Mère Folie, ung jour, en sera mal contante,
Et vous fera sentir combien vault la facher.
Est-ce à elle, à Bontemps, qu'il se fault attaquer ?
Qu'un ne soit si hardy; qu'un n'en cause ou en gronde,
Ou aultrement les folz montreront qu'il se fonde
Sur le sablon mouvant que l'onde courroussée
Ramasse sur le bord gissant bouleversée;
La marotte n'est pas pour courber à un vent.

LE VIGNERON

Velai que ç'a, Messieu, d'en parlai ai l'aivan.

LE MENESTRIER

Est-ce pour se facher, demander récompance
D'avoir si bien joué ? S'il ayme le silence
Qu'il me face payer donc tout présentement.

---

(1) Qu'elles ferment les yeux.

LE FOL

Monstre que tu as fai, tu auras de l'argent.

BONTEMPS

O ! c'est trop m'irriter et me bailler entendre
Qu'il ne fault d'ung chacung son audace reprendre !
Le vice est par trop grand ; n'est-ce pas grand malheur !

LE VIGNERON

Mai foy, ai l'on gran tor ; vo dite voy, Monsieur.

BONTEMPS

S'on pense réprimer l'orgueil de ces coquines,
Tant plus lèvent la corne, et leur trogne, et leurs mines,
Jusques à menasser ! Qui ne s'en fascheroy ?

LE VIGNERON

Ce n'a pa sen raison ; Mônsieur, vo dite voy.

BONTEMPS

. . . . Je cognois la malice ;
Mais si vous n'amendez, vous n'aurez plus Bontemps.

LE VIGNERON

Môsieu, no vo croiron, et vo rendron contan.

BONTEMPS

Je pensois m'esjouir, et veoir ceste journée
Mes petitz rejectons pour commancer l'année
Gaillarde et sans chagrin ; mais nul ne se contante !

LE VIGNERON

Vo z-aivé tro causai, orde, pyde, puante !

2e CHAMBRIÈRE

Sire, n'en sois faché ; nous désirons t'avoir,
Car tu nous aideras et nous feras reveoir
Si tu veulx le bon temps qu'as laissé aux nourrices.

.   .   .   .

(Le reste manque)

SPES·IN·LABORE

DARANTIERE

www.ingramcontent.com/pod-product-compliance
Lightning Source LLC
LaVergne TN
LVHW022022080426

835513LV00009B/835